FACULTÉ DE DROIT DE PARIS.

THÈSE

POUR LA LICENCE.

L'Acte public sur les matières ci-après sera soutenu,
le mercredi 15 mars 1854, à neuf heures,

Par ERNEST-FRÉDÉRIC GARAY, né à Paris.

Président : M. BONNIER, Professeur.

MM. DE PORTETS,

BRAVARD, } Professeurs.

DEVALROGER,

Suffragants :

ROUSTAIN, Suppléant.

*Le Candidat répondra en outre aux questions qui lui seront faites
sur les autres matières de l'enseignement.*

PARIS.

VINCHON, FILS ET SUCCESSEUR DE Mᵐᵉ Vᵉ BALLARD,
Imprimeur de la Faculté de Droit,
RUE J.-J. ROUSSEAU, 8.

—

1854.

4150

A M. H. FORTOUL,

Ministre de l'Instruction Publique.

A M. DE CROUSEILHES,

Ancien Ministre de l'Instruction Publique, Sénateur.

A MA MÈRE.

JUS ROMANUM.

DE CONDICTIONE INDEBITI.

(Dig., lib. xii, tit. vi.)

Quicumque dedit falso sese debitorem putans, quæ dedit repetere debet, nam hoc justum est et hinc nascitur indebiti condictio. Actio est igitur in personam stricti juris, ex æquo et bono introducta, qua, si quis, quod neque civili neque naturali obligatione debebat, per errorem et sine causa solvit, repetere potest.

De quaque ex his conditionibus dicendum est. Et primo videamus quid sit debitum et quid indebitum.

Quid sit debitum? — Qui solvit quod debebat ex obligatione quæ jure valet, liberatur, nec ideo recte condiceret, id est sæpissime; interdum enim quod debitum solutum est, non repetitur, etsi qui solvit, liberationem suam ex ea solutione non consecutus fuerit; quod fit, ut refert Neratius, si quis certum hominem debens, statuliberum tradiderit. Primo visu discrepare videtur hæc sententia ab illa Africani : « Qui hominem promisit, si statuliberum solvat, magis puto non esse expectandam conditionem et illi condictionem competere » (*de solut. et lib.*, tit. 3 , l. 38, § 3). Sed utraque sententia conciliari potest.

Prima etenim fingit Paulum, certum hominem deberi; quo quidem casu, statulibero soluto, debitum solutum est, licet mi-

nus debito solutum fuerit ; altera autem non Paulum aut Petrum
fingit deberi, sed hominem quemdam, adeo ut quocumque soluto, reus liberetur; si igitur Paulus liber traditus fuerit, non
debitum solutum est; imo solutum est indebitum. Recte igitur
Neratius in casu proposito, solventem condictione uti posse
affirmat, dum in casu non omnino simili, condictionem denegat
Africanus.

Sulficit, ut supra diximus, si ex naturali obligatione solutum
fuerit, ut condictio locum non habeat; naturalis autem obligatio
dicitur ea quæ civilis obligatione vice omnimodo fungitur,
nisi nulla detur actio creditori qua jus suum persequatur; scilicet a fidejussore muniri potest et novatione in civilem obligationem transferri, et venire in compensationem et exceptionem
parere. Plerumque ex pactis nudis oritur, aut inter personas
ejusdem familiæ consistit, id est inter patrem et filiumfamilias
dominumve et servum.

Si quis igitur sortem debens, usuras pacto nudo promiserit,
solutas repetere non poterit; si vero nulla fuisset usurarum sti-
pulatio, Ulpianus quidem et cæteri veteres putabant ea non posse
repeti, quia sortis creditor usuras accipere consuevit, nec ita
videtur harum solutio sine causa facta fuisse (L. 26). Sed pos-
teriori ætate firmatum est condicendas usuras quæ in stipula-
tum non venerunt (Cod., lib. 4, tit. 32, L. 18).

Item diximus ejusdem familiæ personas naturaliter tantum
posse invicem obligari. Ideo filius a patre mutuatus, quod solvit
non repetet; quin etiam et si emancipatus solverit, idem dicendum est, si nihil peculii apud patrem remanserit; nam cre-
ditoribus, peculio jam non existente, intra annum agere licet, et
si id fit, pater quod sibi a filio debetur, de peculio deducet. Naturalis igitur filiifamilias manet obligatio, nec ideo solutum condicit, dummodo nihil sit ex peculio apud patrem, non autem
maneret, si aliquid de peculio pater servavisset; sibi enim ipse
debitum solvisse censeretur.

Nec pater quod filio debebat, repetere poterit, si eidem emancipato solverit, nam hic quoque manere naturalem obligationem eodem argumento probatur; quod si extraneus intra annum de peculio agat, etiam quod pater ei debuisset, computetur.

. Finge autem Paulum a Petro patre, qui in ejusdem patris potestate erat, mutuatum fuisse et post mortem patris solvisse, duplex fuit obligatio; naturaliter enim pater creditor fit Pauli, simul ac de peculio, naturali obligatione tenetur. Mortuo patre, naturalis quidem obligationis pars dimidia, in eo qui mutuatus est per confusionem sublata fuit, et ideo hanc obligationis partem si solverit, recte condicet; Petrus autem, aliæ dimidiæ partis creditor est, et quoque hanc dimidiam obligationis partem de parte peculii sibi adjudicata debet. Itaque obligatio hujus dimidiæ confusione extinguitur usque ad vires hujus partis peculii quam Petrus accepit; et si Paulus per errorem solverit condicet etiam hanc partem, si peculium solvendo erat, sin autem minus est in peculio quam quod fratri credidit, Paulus non omne solutum, sed dimidiam partem, ex altera autem dimidia parte tantum quod Petro de peculio advenit condicere poterit.

Sicut ac filius, servus naturaliter obligatur. Itaque condictioni locus non erit, si manumissus, aut servus adhuc, de peculio solverit; id est de peculio cujus liberam administrationem habet; nisi enim hoc jus ei a domino collatum fuisset, nihil peculii jure alienaret. Idem dicendum esset, ut Pomponius scribit, de eo qui pro servo et nomine ejus aliquid solvisset.

Quid sit indebitum? — Maxime indebitum solutum esse paret quod ex nulla, neque civili neque naturali obligatione debebatur, puta usuræ supra legitimum modum in stipulationem deductæ aut usurarum futurarum usuræ.

Indebitum videtur quod ex ea causa solvitur quæ conditione

suspenditur. Hoc obtinet etsi conditio erat quæ penderet ab arbitrio debitoris qui solvit, nec videtur eam solvendo implere.

Uno casu, nec pendente conditione repetetur; scilicet si is qui solvit, in casum quo deficeret conditio tantumdem ex alia causa debiturus sit.

Sin autem ex die debetur et ante diem solutum sit, repeti non potest, quia debitor in diem debitor certus est. Idem est si dies incertus sit, nisi in legatis et fideicommissis, in quibus dies incertus conditionem facit.

Indebiti condictio pariter datur ei qui solvit ex causa quæ nulla postea apparuerit; puta si testamentum post soluta legata falsum, vel irritum, vel inofficiosum demonstratum fuerit, aut si prolatum fuerit æs alienum; nam in eo casu, non priusquam æs alienum solutum fuerit, solvenda erant legata. Competit etiam ei qui solvit ex causa quæ desinit exstitisse. Si igitur quum duo rei decem deberent, et alter ab altero decem soluta fuisse ignorans, ipse solverit, condicet; quod si una decem solvisset quisque plus debito solvisset, et quum post soluta quinque uterque liberationem consecutus fuisset, uterque quinque condictione posset persequi.

Non autem ita se res haberet. si duo rei alterutram plurium rerum deberent, puta si quum Paulum aut Petrum deberent, ambo, alius aliam rem, solvissent; non autem post solutam obligationis partem dimidiam uterque liberari potuisset; ideo pro parte condictio non locum habebit; sed creditori qui indebitum accepit et ita reus ipse factus est, electio dabitur cui solvere velit, ut alterius condictio impediatur. Sin autem debitor unicus alterutram duarum rerum debens, utramque simul per errorem solverit, quæsitum est an in arbitrio creditoris sit quam velit reddere. Celsus quidem arbitrium creditori concedebat (L. 21, 12, 6). Sed prævaluere Justiniani et Papiniani sententiæ quibus hoc ipsum electionis beneficium sibi ex initio concessum debitor conservat (L. 10, C., h. t).

Quod vero ex obligatione civili solutum est, condicitur si reus perpetua exceptione tutus solverit, nisi sciret creditoris actionem hac exceptione impugnari posse; si vero per errorem solvisset, condiceret. Itaque si reus testamento liberatus fuerit hæres actione quidem uti poterit; legata enim non inter civiles obligationum numerantur; sed exceptionis ope legatarius hæredis petitionem impugnabit, et quod hac exceptione tutus per imprudentiam solverit, condicet. Idem dicendum esset de eo qui sciens se tali exceptione tutum, aliquid promisisset ut liberaretur.

At quod de exceptione perpetua dicimus intelligendum est de ea quæ in causa ejus cum quo agitur data est, ut in senatusconsulto Velleiano de intercessionibus; sin autem in odium ejus qui debetur, introducta fuerit exceptio, non erit repetitioni locus. Veluti si filiusfamilias contra Macedonianum mutuam pecuniam acceperit et paterfamilias factus creditori solverit.

Alia species indebiti dici potest de eo quod ita debetur; « si navis ex Asia venerit. » Existente quidem conditione solutum non repetitur; pendente autem conditione repeti potest, nisi antequam actum sit, conditio adimpletur.

Indebitum dicendum est non solum quod omnino non debebatur, sed etiam quod plus debito solutum est, et ideo pro majori parte solutionis condictio locum habebit.

Ei igitur qui hæreditatem venditam tradidit nec quod sibi a defuncto debebatur retinuit, repetere licet.

Eadem condictione agere poterit qui per errorem fundum liberum tradidit, quum iter excipere potuisset, ut iter quasi plus debito solutum reddatur, ut scribit Pomponius (l. 22, § 1). Dissimilem vero sententiam Paulus proferre videtur his verbis: « In re nec mancipi per traditionem deduci ususfructus non potest. » Et licet de usufructu Paulus tantum loquatur, idem eodem argumento de quaque servitute probari posset; nam « ci–

vili actione, ait, constitui potest, non traditione quæ juris gentium est. » Ideo secundum ea quæ a Pomponio proponuntur, Paulus negare videtur condictionis opem dandam ei qui fundum tradidit ut iter a fundo deductum recuperet (frag. Vat., § 47).

Non autem utriusque sententiam discrepare censemus; nam, postquam ex jure prætoris quod Justinianus confirmavit, quasi possessio et quasi-traditio introductæ fuerunt, possessionis et traditionis instar, servitutes constitui potuerunt per quamdam de traditione retentionem.

Indebitum quoque dicitur non solum quod omnino indebitum aut plus debita solutum est, sed quod alii debitum, alii fuit solutum, aut quod alius deberet alius solverit, puta si Paulus aliquid Petro hereditatis possessori solverit; si quidem Petrus defendat hereditatem et heres pronuntiatus sit, Paulus quod defuncto indebitum solvit, tantummodo condicet, sin autem Petrus succubuerit, quod ei tanquam heredi etsi debitum solvit, Paulus repetet; nam sine jure quod ei solutum est Petrus accepit.

Haud aliter condictio locum haberet si Petrus, se heredem esse falso existimans Paulo hereditario debitori aliquid solvisset; licet enim Paulus debitum acceperit, nec Petrus, nec verus heres hac solutione liberatus fuisset, nisi tamen ejus nomine qui debebat solutio facta fuerit; nam si hoc accideret, condictio locum non haberet.

Indebiti et etiam condictione agere licet ei qui aliud quam quod debebat solvit, puta si quum Paulum deberet quasi Petrum debens, solverit; sin autem sciens id fecisset dationem in solutum fecisse existimaretur.

Alia denique species indebiti præbetur si pars tantum alterutrius rei soluta fuerit, scilicet si quum Paulum aut decem debens, quinque solverim; incertum est an repetitio mihi danda sit; nam pro parte liberatus fui, sed si quidem postea

quinque rursus solverim, debitum solvi, nec condictioni locus
est; sin autem Paulum, quinque quasi plus debito soluta con-
dicam, at si quinque et postea Paulus a me soluta fuerint, creditor servare quinque et Paulum reddere non posset, sed si
alterutra res in rerum natura esse desinit, nihil erit repetendum;
quæ enim superest, jure solutionis locum efficiet.

Nulla sit causa solutionis. — Ut quasi indebitum solutum re-
petatur, necesse est nulla fuerit solvendi causa; nam si imo
pietatis causa esset, condictio denegaretur; quod accideret, si
mulier, falso se pro dote obligatam credens, aliquid solvisset.

Pariter si manumissus operas officiales patrono debere credens, per imprudentiam solverit, quasi indebitas non condicet;
nec repetere posset quod nondum solutis operis in solutionem
patrono dedisset. Et licet operas fabriles a patrono delegatus
aliis præstare teneatur, non autem officiales quas patrono solvisset, si cum eo pactus fuisset ne operæ peterentur; naturaliter
enim dominus cum servo obligatur, adeo ut si servum cui debebat manumiserit, non desinit ei naturaliter debere.

Interest ut de hoc capite videamus quid sit de eo quod ex
causa seu judicati, seu transactionis, solutum est.

De eo quod ex causa judicati indebitum, vel jam solutum
iterum accepit creditor, condictione indebiti conveniri non potest propter gravem rei judicatæ auctoritatem.

Eum autem qui quasi ex compromisso condemnatus falso
solverit, constat non similem esse sive ei qui quasi ex causa
judicati solvit, nec repetere potest quia lis inficiando crescit in
duplum, sive ei qui solvit ex causa transactionis; nec condicit,
quia quum per transactionem a lite discesserit, causam quam
consequebatur, obtinuit.

Nam quod ex transactione solutum est, pariter non repetitur,
nisi tamen clara fuerit calumnia; sed etsi postea nullum apparuerit jus in quo lis erat et transactum fuit, condictio denegaretur

eis qui per transactionem otium sibi fecerunt : sin autem firmum fuisset longe magis dicendum esset denegandam actionem.

Ei autem qui post rem judicatam transigit et solvit repetere licet; nam rei judicatæ auctoritas talem transactionem nullius momenti efficit; recte tamen quod ex ea transactione solutum repetendum est, deducetur ex eo quod ex judicio debetur.

Ut ignorans indebitum solverit. — Necesse est ut per errorem reus solverit, nam si sciens indebitum solvisset donare voluisse censeretur et cessaret repetitio.

Hinc, si quis indebitum sciens fideicommissum, in stipulatione deduxerit ea mente ut fidem expleat testatoris, non condicet. Nec sciens solvisse existimaretur, et ideo condiceret qui sortem falso debere credens, usuras solvisset.

Quoties igitur indebitum per errorem fuit solutum, quasi ex contractu nascitur jus repetitionis, nullum enim negotium inter solventem et accipientem fuit ; sin autem negotium contractum fuisset, puta si ea conditione solvisset, ut postea, si indebitum solutum apparuisset, repeteret, solvens condictione uti posset, non tam indebiti, quam ob rem dati re non secuta, et ideo donec apparuisset indebitum, eum expectare oporteret.

Interdum autem condictio locum habet etsi per errorem non fuerit solutum, quod accidit si pupillus, aut furiosus, aut is cui bonis interdictum est, sine tutoris auctoritate aut curatoris consensu solverit; sed in eo casu solutio non valet nec res soluta facta est accipientis; solvens igitur rem, si exstat, vindicare, si autem non exstat, condicere potest.

Cui competat et adversus quem? — Nunc videndum est cui et adversus quem indebiti condictio competat. Et primo sciendum est non semper ei qui solvit competere.

Sic non datur eis qui alterius nomine solvunt, et hujus condictionis ope utetur impubes etsi a tutore solutum fuerit. Tutor tamen ipse condiceret, si quum plus debito creditori solvisset, pupillo non imputavisset judicio tutelæ; nam si id fit, similis est ei qui sine mandato, alieno nomine indebitum solverit, nec ratihabitionem obtinuerit. Quod enim diximus de eo qui alterius nomine solvit non est perpetuum; nam si ille cujus nomine indebitum solutum est nec mandavit, nec ratam habuit solutionem, non ipse condicet; nullo modo enim negotium contractum est quod illius intersit.

Plures nunc casus proponi possunt in quibus ex bono et æquo, ei cujus detrimento solutum est, potius quam ei qui solvit condictio datur. Puta, finge heredem testamento institutum legata solvisse et postea filium quem testator obiisse credens non exheredaverat, ab hostibus reversum; sane jure postliminii testamentum infirmatur, filius igitur legitimus heres legata condicet ab herede instituto soluta.

Adversus eos qui acciperent et non adversus eos quibus utilis fuit actio competit. Hoc ita intelligendum est ut adversus eum cujus jussu solutum est condictio competat; rescripsit enim im-. perator Antoninus mulieri quæ citra ullam transactionem alieno creditori delegata fuerat illam adversus eum qui delegaverat, condictionem habere (L. 2, Cod., h. t.).

Ideo si procurator mandantis jussu plus debito a creditore acceperit, adversus mandantem condictio erit; sed a procuratore repeteret creditor si plus debito non ex jussu mandantis accepisset. Si vero procurator mandanti debitum acceperit, reus liberationem consecutus est, etsi mandans ratum non habuerit; sin autem indebitum procurator acceperit, nec mandans ratum habuerit, condictione eum uti posse constat.

Superest ut videamus quid restituere teneatur qui indebitum accepit. Et primo nihil aliud restituet quam quod ei solutum est sive idem restituat, sive tantumdem; hæc enim condictio introducta est ut qui indebitum solvit suum repetat, non autem ut accipientis detrimento fiat locupletior. Itaque si ab eo cui fundus solutus est ususfructus bona fide extraneo constitutus fuerit repetitio dabitur rei solutæ, deducto tantum usufructu ; constituto enim usufructu donandi animo, locupletior non factus est.

Observandum superest quod ei qui indebitum repetit et fructus et partus, et quæ alluvione accesserunt restitui debent.

QUEMADMODUM ACTIONES PER INFICIATIONEM DUPLENTUR.
(Paul. sent., lib. 1, tit. 9.)

Indebitum per errorem solutum non semper repetetur. Sic namque definierunt veteres ex quibus causis inficiando lis crescit solutum repeti non posse. Hoc autem inficiatoris vocabulo reum intelligimus falso infectum dicentem, seu negantem abjurantemque quo actori obligatus est. Istius modi mendacio variæ pœnarum figuræ fuerunt adsignatæ. Quippe, ut aiunt juris romani prudentes, inficiator proximus est furi. Duodecim Tabularum tempore, actiones per inficiationem in duplum, ire videmus.

Paulus et Gaïus quasdam enarrant his verbis actiones quæ, si a reo inficientur duplantur :

Actio judicati, quæ actori prætorio jure dabatur persequendæ gratia pecuniæ in reum a judice condemnatum.

Actio depensi quæ ex lege Publilia in reum principalem sponsoribus qui pro eo solvebant dabatur.

Actio legati certi per damnationem relicti. Hac enim formula « damnas esto, » testator adversus heredem sententiam dicere videtur, et tunc heres reum actione judicati conventum imitatur.

Actio damni injuriæ legis Aquiliæ, quæ ad factum injuria damnum pertinet.

Actio de modo agri, quæ sane in duplum datur non ob propriam inficiationem sed ob aliam mendacii formam; potius enim quæ non erant affirmavit quam exstantia negavit venditor, itaque Paulus non utitur inficiari vocabulo quum ipse : « Distracto fundo si quis de modo mentitur in duplo ejus quod mentitus est, officio judicis æstimatione facta, conveniatur » (Pauli sent., lib. 6, tit. 17, § 4).

De deposito denique miserabile prætor actionem in duplum dat rei persequendæ causa, si modo in ruina, aut tumultu, aut incendio deposita fuerit, et contra eum apud quem depositum aut contra ipsius heredem de dolo agatur ; nam si rei dominus ipse rem libenter commiserit , et postea in duplum persequi velit, non erit audiendus.

Tempore Justiniani, secundum Instituta, Pandectas et Codicem, primum de inficiatione judicati nusquam agitur, dein sponsio in fidejussionem transfusa est. Demum Justiniani constitutio, cum unam naturam omnibus legatis tribuerit, per inficiationem augmentum in omnibus legatis extendi voluit sed non omnibus legatis præbuit, sed iis tantum quæ sacrosanctis ecclesiis et cæteris venerabilibus locis derelicta fuerunt.

„Secundum novellas edictaque : duabus aliis actionibus Justinianus imperator novissime dupli pœnam adjecit, scilicet actioni de chirographis, si reus neget se scripsisse, vel si exceptionem non numeratæ pecuniæ opponat ac probetur scripsisse, vel accepisse. Vice versa, si actor apocham, id est professionem solutæ pecuniæ falso neget a se conscriptam, « non solum illud reputatur de quo negatio fuit, sed etiam tantum illud adjicitur, » et actioni quæ receptitia olim dicebatur quamque Justinianus in judicium constitutæ pecuniæ transfudit, si forte argentarius obligationem habitam sine scriptura inficietur.

Omnes quas enumeravimus actiones mixtæ sunt, id est tam pœnæ quam rei persequendæ gratia comparatæ ; pœnas temere litigantium attingunt, et enim damnatio per inficiationem duplicata inter pœnas temere litigantium, in institutis adnumeratur; dein, ut scripsit Paulus, ex his causis quæ inficiationem duplantur, pacto decidi non potest. Cujus sententiæ

rationem ita Cujacius exponit : aut fatetur reus aut inficiatur ;
si inficiatur ac postea decidere velit, pro inficiatore convicto
habetur et inficiationis pœnam sustinet. Si fatetur, pro judicato
habetur et ideo transigere non potest.

DE JURIS ET FACTI IGNORANTIA.

(Dig., lib. 22, tit. 6.)

Vel facti vel juris est ignorantia. Ignorantia juris est qui, non
ignorans causam evenisse ex qua jus suum oritur, se cujusdam
legis ope propter eam causam uti posse ignorat , puta si quis,
sciens cognatum defunctum fuisse, ignoret sibi hanc hereditatem legibus et moribus deferri. Facti autem est ignorantia, qui
sciens se lege tutum si in quadam causa sit, causam evenisse
ignoret, qua jus suum persequi possit, veluti si quis ignoret
defunctum fuisse cum cujus hereditatem vel bonorum posses-
sionem sibi deferri non ignorabat.

Quum autem non idem accedit seu juris aut facti sit ignorantia, interest ut quomodo discrepent et quomodo inter se
conveniant ambæ illæ actiones videamus.

Errorem quidem facti nemini nocere constat sive de acqui-
rendo, sive de damno vitando certet.

De juris ignorantia non ita omnino res se habet. Et quidem
de hac quæstione adversæ sunt prudentium sententiæ et alii
alia lege suam stabiliendam affirmant ; censemus autem leges
posse conciliari, si materiæ regulas et jurisconsultorum frag-
menta Justinianeo tempore mutata fuisse admittamus. Nam
regula juris erat ignorantiam non prodesse, quod, ut scripsit
Labeo, sive sua, sive alterius scientia cuique licet jus notum
habere (l. 9, § 3). Excepta ea quod proderat error juris rus-
ticis, militibus, minoribus viginti quinque annis, aut mulie-
ribus, aliter quam causa donationis acquirere volentibus ;
Justinianus autem sexus et conditionis beneficium confirmasse
non videtur.

Talis est de personis juris ignorantiæ limitatio; nunc videamus quæ limitatio sit de ipsius ignorantiæ, sive juris sive facti, natura. Et primo vidimus nemini prodesse juris ignorantiam, nisi quis in errorem cecidisse excusandus sit; omnibus autem facti ignorantia prodest, nisi quibus evidens negligentia possit imputari; constat autem non nocere ei qui nec curiosissimus fuit, nec negligentissimus. Sæpe autem circa facti ignorantiam inquirendum erit an ipsius aut alterius factum ignoratum fuerit. Æquum est enim plerumque in meliori causa esse eum qui alterius factum quam qui proprium ignorat. Ita patris ignorantia non filio scienti prodest, quamvis pater commodum acquirat; nec illi nocebit qui suum negotium gerit domini scientia.

POSITIONES.

I. Si is qui alternative duas res promiserat utramque solverit, unam condicet et eam quidem quam vult; electionem enim habet.

II. Qui hominem generaliter promiserit, si Stichum se promisisse existimans, eum solverit, repetere poterit.

III. Condicere non possum ut indebitum quod per errorem juris solvi.

IV. Pœna indebite soluta repeti potest.

V. Quæ ex officio et obsequio debentur, licet per errorem soluta, repeti non possunt.

VI. Qui procuratori falso indebitum solvit, domino ratum non habente, non condictione indebiti sed condictione ob rem dati re non secuta, adversus falsum procuratorem utetur.

DROIT FRANÇAIS.

DES ENGAGEMENTS QUI SE FORMENT SANS CONVENTION.

(Code Nap., liv. 3, tit. 4, art. 1370 à 1382.)

L'obligation est un lien de droit ou bien encore une nécessité juridique qui astreint une personne envers une autre à faire ou à ne pas faire, à donner ou à livrer une chose.

Au point de vue de son origine, toute obligation a pour cause un fait. Seulement, comme le fait procréateur peut naturellement avoir des caractères particuliers, il s'ensuit que la nature de l'obligation subit avec eux d'importantes modifications.

Suivant que l'acte d'où elle dérive s'accomplit avec ou sans concours de volonté, avec ou sans intention de nuire, l'obligation prend tour à tour le nom de contrat ou de quasi-contrat, de délit ou de quasi-délit.

Vient enfin une cinquième et dernière classe d'obligations que les rédacteurs du Code ont eu tort de présenter sous forme d'exceptions; ce sont celles qui résultent de la *seule* autorité de la loi (art. 1370). On peut très bien dire, en effet, que toutes les obligations quelles qu'elles soient dérivent de la loi, qu'elles

n'ont d'autre source qu'un principe d'équité naturelle sanc-
tionné par la loi positive. Dans les quasi-délits, pour la prestation de l'indu, par exemple, n'est-ce pas la loi qui vient consa-
crer ce principe : nul ne doit s'enrichir aux dépens d'autrui?
Dans le délit ou le quasi-délit, n'est-ce pas la loi qui sanctionne
cet autre : tout dommage fait à autrui doit être réparé? — Dans
les contrats eux-mêmes enfin n'est-ce pas encore la loi qui règle
les conventions des parties, les valide si elles sont conformes à
ses volontés, les infirme si elles y dérogent?

Toutes les obligations dérivent donc d'une seule et même
origine, la loi ; et si maintenant les rédacteurs du Code semblent
avoir attribué à certaines obligations seulement une origine légale, c'est que dans les obligations résultant des contrats, quasi-
contrats, délits, quasi-délits, ils ont vu des faits de l'homme
qui précèdent toujours l'intervention de la loi, classé ces faits et
employé le nom générique de chacun pour en désigner les di-
verses catégories, tandis qu'arrivés à certaines obligations
qu'aucun fait de l'homme ne précédait, ils ont cru devoir les
ranger dans une classe à part et les désigner sous le nom d'engagements résultant de l'autorité seule de la loi.

Faut-il croire maintenant, en s'attachant rigoureusement
aux mots eux-mêmes, que la loi vient ici créer des obligations
sans autre base certaine que la volonté si changeante du législateur? Évidemment non. Elle intervient, au contraire, pour
imprimer sa force aux grands principes de la morale univer-
selle et les réglementer, comme le prouvent les nombreux
exemples du Code. C'est, en effet, pour venir au secours de
ceux-là mêmes que leur faiblesse rend incapables de soigner
leurs intérêts, que la loi établit les engagements des tuteurs et
autres administrateurs qui ne peuvent refuser leurs fonctions.
— C'est dans l'intérêt de la constitution et du respect de la famille qu'est établie l'obligation alimentaire imposée aux des-

cendants envers leurs ascendants (art. 205). C'est dans l'intérêt de la propriété que tout limitrophe doit contribuer à frais communs au bornage dans les campagnes, à la clôture dans les villes et faubourgs, et subir enfin le rachat de la mitoyenneté d'un mur séparatif.

Les jurisconsultes romains eux ne connaissaient que deux sources principales d'obligations, celles-là mêmes que la loi des Douze-Tables avait désignées, le contrat et le délit. A ces deux divisions primitives venaient se rattacher, suivant leur plus ou moins grande affinité, les mille circonstances qui peuvent donner naissance à une obligation sans qu'il y ait ni contrat, ni délit. Ainsi une obligation existait-elle indépendamment d'aucun de ces deux faits, on examinait si les circonstances créatrices présentaient ou non quelque chose de coupable. En cas d'affirmative on disait que cette obligation se trouvait formée comme par un délit ; dans le cas contraire, on la regardait comme provenant d'un contrat, l'obligation naissait alors comme par un contrat, comme par un délit, *quasi ex contractu, quasi ex delicto*, et non comme aujourd'hui, d'un quasi-contrat ou d'un quasi-délit, expressions impropres, bizarres et obscures qui vous ameneraient plutôt à supposer une sorte de convention entre les parties qu'un engagement produit sans consentement.

DES QUASI-CONTRATS.

Aux termes de l'art. 1370, les obligations qui ne dérivent point de la seule autorité de la loi naissent « d'un fait personnel à celui qui se trouve obligé. » A prendre ce texte à la lettre, il faudrait dire que le quasi-contrat est unilatéral, qu'il n'engendre qu'une obligation dont est tenu l'auteur du fait qui constitue le quasi-contrat, qu'on ne peut, en un mot, être obligé que par son propre fait ; mais l'art. 1371 nous montre qu'il peut résulter quelquefois des engagements réciproques entre deux parties, exemple, la gestion d'affaires.

La personne obligée peut, en outre, ne pas toujours être l'auteur du fait qui a produit l'obligation comme nous le prouve le paiement de l'indu.

Nous définirons donc le quasi-contrat un fait volontaire et licite de l'homme productif d'obligations pour lui-même et pour autrui.

Le Code ne s'occupe que de deux quasi-contrats : la gestion d'affaires et la prestation de l'indu, auxquels Pothier ajoutait les obligations résultant envers les légataires de l'acceptation d'une hérédité, tout en reconnaissant qu'on en pouvait citer un grand nombre d'autres. Les Instituts nous en indiquent six : la gestion d'affaires, l'administration de la tutelle, la communauté de biens, la communauté d'hérédité, l'adition d'hérédité et la ré-pétition de l'indu. Ces six quasi-contrats existent chez nous comme à Rome, seulement si le Code ne s'est spécialement occupé que de deux, c'est que ses rédacteurs ont copié le Di-geste où ces deux quasi-contrats faisaient l'objet de titres spéciaux, et peut-être aussi qu'ils n'ont pas trouvé les autres assez im-portants pour mériter des prescriptions spéciales. C'est du moins ce que tendraient à faire croire les termes mêmes du rapport de M. Bertrand de Greuille au Tribunat : » Vous penserez sans « doute, dit l'orateur, qu'il eût été difficile de fournir des « exemples de tous les quasi-contrats, et d'analyser la nature, « l'espèce et l'étendue des engagements qu'ils produisent di-« visément. Les exemples appartiennent à la doctrine, le légis-« lateur doit seulement poser les fondements de la loi, et son « application, suivant les circonstances et les faits particuliers, « rentre dans le domaine des juges. Aussi le projet qui vous « occupe s'est-il borné à déterminer des règles générales et ces « règles deviennent suffisantes pour éclairer sur l'étendue des

« devoirs qui résultent des faits personnels le plus ordinairement
« en usage dans la société. »

DE LA GESTION D'AFFAIRES.

La gestion d'affaires est le fait volontaire d'une personne qui
sans avoir reçu mandat à cet effet agit, stipule ou promet dans
l'intérêt d'un tiers.

Comme le mandataire, le gérant d'affaires vient donner son
temps et ses soins aux intérêts d'autrui; mais il y vient de sa
propre autorité, sans avoir reçu pouvoir du maître. Au lieu de
suivre les ordres du propriétaire, il doit s'attacher à deviner
ses intentions, à rechercher ce qu'il aurait fait s'il eût été pré-
sent. Ses pouvoirs sont donc plus étendus que ceux du mandataire, mais aussi ce n'est qu'au prix d'une beaucoup plus grande
responsabilité que la loi les lui accorde.

Deux différences caractéristiques distinguent le gérant d'affaires du mandataire :

1° Le mandataire agissant avec la volonté et l'assentiment du
maître, n'a pas à s'occuper de l'utilité que ce dernier retirera
de l'affaire. Le mandant devra l'indemniser, de quelque manière
que l'affaire ait tourné, pourvu qu'il ne soit pas sorti des limites
de son mandat. Le gérant, au contraire, est tenu d'examiner si
l'affaire est nécessaire ou utile au maître, si tout bon père de
famille la ferait, et c'est seulement dans le cas où elle réunit ces
conditions que le maître est tenu.

2° Lorsque le mandant meurt, le mandataire n'est tenu de
continuer l'affaire qui lui a été confiée que *s'il y a péril en la
demeure* (art. 1991); le gérant d'affaires, au contraire, doit à la
mort du maître continuer l'affaire dont il s'est volontairement
chargé, jusqu'à ce que l'héritier ait pu en prendre la direction
(art. 1373).

Voyons maintenant quand il y a gestion d'affaires et quelles sont les obligations qu'elle fait naître, tant de la part du gérant que de la part du maître. Quand il y a-t-il gestion d'affaires?

1° Quand le service a été rendu par le gérant à l'insu du maître, autrement il y aurait contrat tacite de mandat, et nous venons de voir et la différence qui sépare ces deux contrats, et l'intérêt qu'il y a de les distinguer.

Le texte, il est vrai, semble dire le contraire et confondre les deux cas, mais ses expressions ne doivent pas être prises dans un sens absolu ; il faut distinguer en effet, si le maître qui a connu la gestion était libre ou non de s'y opposer ; s'il en avait les moyens, et qu'il ne l'ait pas fait, son silence doit être interprété comme l'expression d'un mandat tacite ; mais si l'on suppose au contraire qu'une guerre, une inondation, ou tout événement de force majeure, en interceptant les communications, n'ait pas laissé au maître le pouvoir de faire connaître sa volonté, ce ne seront plus les règles du mandat qui seront applicables, ce seront celles de la gestion d'affaires.

2° Quand le gérant n'a pas agi dans une intention de libéralité, *animo donandi*, autrement cette libéralité recevrait son effet sans qu'il y ait lieu à l'application des règles de la gestion d'affaires ; ces règles devront au contraire être appliquées toutes les fois que le gérant agit dans l'intention formelle de répéter les frais de sa gestion.

Faut-il maintenant que le gérant ait agi en vue de la personne du maître? On peut sur ce point distinguer deux cas :

1° Le gérant a rendu un service sans avoir d'autre but que son propre intérêt. Dans ce cas il ne songeait point à rendre un service, il ne songeait qu'à faire un bénéfice. Il ne serait donc pas admis à réclamer à son profit l'exécution des obligations qui naissent de la gestion d'affaires; mais si le maître a tiré un profit du service qui lui a été rendu, force lui sera d'indemniser le gérant, en vertu du principe que nul ne doit s'enrichir aux dépens d'autrui ; c'est une application de l'action *de in rem verso* des Romains.

2° Le gérant, au contraire, a-t-il cru que l'affaire qu'il entreprenait concernait une personne étrangère ? a-t-il fait des marchés pour une maison qu'il croyait à *Primus*, tandis que *Secundus* en était propriétaire ? Comme il n'y a pas eu alors intention de faire une spéculation personnelle, mais bien de soigner les intérêts d'autrui, ce seront les règles de la gestion d'affaires entre le gérant et le véritable maître qui devront être appliquées.

Ces deux espèces ne doivent pas être confondues. L'action de gestion d'affaires et l'action *de in rem verso* sont loin d'être aussi avantageuses l'une que l'autre.

Pour avoir droit à la première, il suffit que les dépenses aient été utiles au moment où la gestion a commencé. Peu importe que cette utilité n'existe plus au moment de la demande.

Pour intenter au contraire l'action *de in rem verso*, l'utilité doit exister encore au moment de la demande, car c'est à ce même moment que se place le juge pour constater si le maître a retiré ou non profit des dépenses alléguées.

DES EFFETS DU QUASI-CONTRAT DE GESTION D'AFFAIRES ET DES OBLIGATIONS RÉCIPROQUES AUXQUELLES IL DONNE NAISSANCE.

Obligations du gérant. — Il existe la plus grande analogie entre les obligations que fait naître la gestion d'affaires et celles qu'engendre le mandat. En règle générale, le gérant se soumet, dans les limites de l'affaire dont il s'est chargé, aux obligations qui résulteraient d'un mandat exprès que lui aurait donné le propriétaire, art. 1372, 2ᵉ alinéa. Comme un mandataire, il doit continuer la gestion commencée, jusqu'à ce que le propriétaire soit en état d'y pourvoir lui-même ; comme un mandataire il doit l'intérêt des sommes dont il fait usage, à compter de l'emploi et de celles dont il est reliquataire, du jour où il est mis en demeure (art. 1996) ; comme un mandataire, il doit rendre compte au maître de tout ce qu'il a pu recevoir, et lors même qu'il aurait reçu des choses qu'on ne devait pas, il ne pourrait les retenir si le propriétaire en avait ratifié l'acceptation ; comme un mandataire enfin, il répond en principe des fautes que n'aurait pas commises un maître diligent, tout en tenant compte pourtant des circonstances qui lui ont fait entreprendre la gestion.

Son obligation ne s'étend qu'aux affaires mêmes dont il s'est chargé, mais elles les comprend avec toutes leurs dépendances. Ainsi, tandis que le mandat d'ensemencer cesse dès que les semailles sont faites, le gérant lui, devra non-seulement ensemencer, mais faire la moisson, engranger, etc., etc.

Examinons maintenant les soins que le gérant devra donner à l'affaire et la responsabilité qui pèsera sur lui.

A Rome, elle était fort grande. Quelqu'excusable que pût paraître sa faute, jamais on ne la lui pardonnait ; chez nous, au contraire, on tient compte des circonstances. Le Code lui impose l'obligation de gérer en bon père de famille, c'est-à-dire comme le doit faire un propriétaire soigneux, prudent et sage ; mais cependant il y a des cas où il mérite une certaine faveur, en raison de la difficulté même de l'affaire et des causes qui la lui ont fait entreprendre. C'est une appréciation de circonstances, que la loi laisse à la prudence du juge et qui doit entraîner un adoucissement dans la position du gérant (art. 1374) ; s'il s'est chargé d'une affaire que nul autre n'eût voulu gérer, il ne sera responsable que de son dol. Si plusieurs personnes s'étaient offertes à la gestion, il sera responsable de sa faute ; si enfin il a fait des travaux que le maître n'aurait évidemment pas faits, il sera responsable même du cas fortuit qui anéantirait ces travaux

Obligations du maître. — Le maître doit au gérant le remboursement des avances que celui-ci à faites dans son intérêt, s'il a ratifié ou si l'affaire a été bien administrée, c'est-à-dire d'une manière utile; mais nous avons vu qu'il n'était pas indispensable que cette utilité ait subsisté assez longtemps pour que le maître ait pu en profiter, et que le gérant n'en pouvait pas moins répéter le montant de ses avances si l'utilité avait été détruite par cas fortuit. Mais il en serait tout autrement si le gérant lui-même avait par sa faute détruit cette même utilité.

Il doit l'indemniser de tous les engagements qu'il a pris. Le gérant en effet a pu contracter soit au nom de son maître, soit en son nom personnel, car l'art. 1119 n'est pas applicable ici. Dans la première hypothèse, tous les effets du contrat se seront réalisés activement et passivement dans la personne du maître, c'est lui seul qui sera obligé et les tiers ne pourront pas plus agir contre le gérant que contre un mandataire. Dans la seconde, le gérant seul sera obligé envers les tiers, et si ceux-ci veulent agir contre le maître, il leur faudra exercer l'action en indemnité que le gérant a contre lui.

Il doit enfin rembourser au gérant toutes les dépenses utiles ou nécessaires qu'il a faites. Quant à la preuve de l'utilité, c'est au gérant à la faire ou bien encore à ceux qui veulent agir directement contre le maître, à moins que ce dernier n'ait ratifié lui-même la gestion.

Maintenant, que devra-t-on faire si le maître vient à désavouer le gérant et à nier l'utilité de sa gestion ? Devra-t-on repousser les tiers par l'art. 1997, et leur refuser toute action tant contre le gérant que contre le géré ? contre le gérant parce qu'il a parlé au nom d'autrui ; contre le géré, parce qu'il a désavoué le gérant. Évidemment non, mais bien leur accorder une action subsidiaire contre le gérant.

De grandes différences s'opposent en effet à l'argument d'analogie qu'on serait tenté de tirer d'une assimilation entre celui qui a fait une gestion inutile et le mandataire excédant ses pouvoirs. Dans ce dernier cas, en effet, les tiers qui traitent avec le mandataire, pouvant parfaitement bien juger par eux-mêmes s'il dépasse ou non les limites de ses pouvoirs, contractent à leurs risques et périls. D'ailleurs, l'existence même de la procuration est pour eux une preuve de la confiance que le mandant a mise en son représentant et ne leur permet pas de compter sur une ratification postérieure.

Le gérant, au contraire, n'a pas d'acte qui limite ses pouvoirs ; les tiers le savent, ils peuvent apprécier l'étendue d'une procuration qu'on leur présente, mais non l'utilité que peut trouver un maître dans la gestion de telle ou telle affaire. Il est donc on ne peut plus rationnel de croire, que n'ayant aucun motif de compter sur une ratification du maître, ils ont au moins voulu avoir un obligé à défaut de l'autre.

Cette première question résolue, demandons-nous maintenant s'il faut étendre au gérant d'une entreprise commune à plusieurs personnes, l'action solidaire que l'art. 2002 accorde au mandataire contre ses comandants. Au premier abord, l'affirmative ne semblerait pas douteuse si l'on suppose surtout la ratification des cooligés. Mais l'argument qu'on pourait tirer du brocard romain : *ratihabitio mandato œquiparatur*, doit facilement tomber devant ces expressions formelles de l'art. 1202 : « la solidarité ne se présume point ». En présence d'une règle aussi nettement précise, impossible d'admettre une exception qui ne soit pas, elle aussi, nettement formulée. Les exceptions d'ailleurs sont de droit strict et ne doivent point s'étendre ainsi d'un cas à un autre. Et puis, si nous admettions la conséquence de ce premier brocard, pourquoi donc aussi ne suivrions nous pas cet autre : *utilitas mandato æquiparatur ?* La règle alors serait bien plus générale, ce ne serait plus la ratification qui serait nécessaire, mais bien un simple but d'utilité. Non, pour détruire un principe général formulé en termes aussi précis que celui de l'art. 1202, il faudrait l'autorité d'un texte que nous ne trouvons nulle part.

Il y a plus, l'art. 2001, selon nous, ne saurait s'étendre au gérant d'affaires, car la dérogation qu'il fait au droit commun en faveur du mandataire étant une exception, doit être aussi formellement restreinte au cas qu'elle a en vue.

PRESTATION DE L'INDU

Toute translation de propriété doit avoir une cause légitime et dûment justifiée, car nul ne doit s'enrichir aux dépens d'autrui. Si donc un paiement a été fait sans une dette préexistante, il est sans cause, celui qui l'a reçu doit le rendre et la loi doit fournir les moyens de réparer les conséquences d'une erreur. Aussi l'art. 1235 s'exprime-t-il en ces termes : « Tout paiement suppose une dette, et ce qui a été payé sans être dû est sujet à répétition. »

Le droit romain, et Pothier avec lui, assimilent le paiement de l'indu au *mutuum,* et lui donnent le nom de *promutuum.* Il faut signaler toutefois une différence notable entre ces deux cas : celui qui paie a l'intention d'éteindre une obligation existante ou qu'il croit exister ; celui qui donne une chose en *mutuum,* a l'intention de former une obligation.

Toute assimilation complète deviendrait on ne peut plus dangereuse. Dans l'un, en effet, celui qui a reçu n'étant tenu que du profit qu'il tire de la chose reçue, est déchargé de l'obligation de restituer, si par cas fortuit il est privé de tout profit. Dans l'autre au contraire, celui qui a reçu est tenu de la restitution, quand même, par cas fortuit, il se trouverait dépouillé de ce qu'il a reçu.

Trois hypothèses peuvent se présenter dans la prestation de l'indu, art. 1376 et 1377 :

1° Paiement d'une dette qui n'existe pas ; 2° paiement d'une dette existante, mais fait à une personne autre que le créancier ; 3° paiement fait à une personne autre que le débiteur.

Les deux premières hypothèses ont cela de commun que *l'accipiens* n'était point créancier de la somme ou de la chose qui lui a été payée. Lui a-t-elle été payée par erreur, il doit la rendre sans qu'il y ait à distinguer s'il l'a reçue de bonne ou de mauvaise foi ; s'il la conservait, il s'enrichirait injustement aux dépens d'autrui. Mais que décider si le paiement émane d'une personne qui savait parfaitement bien n'être pas débitrice? La répétition lui sera-t-elle due? A ne consulter que les textes, l'affirmative ne serait pas douteuse, car la loi n'exige l'erreur de la part de celui qui paie, qu'autant que le paiement a été fait au créancier par tout autre que le débiteur véritable. Cependant on décide généralement que celui qui a payé une chose qu'il ne devait pas à une personne qui n'était pas créancière, n'a pas droit de la répéter quand il l'a fait *sciemment*, parce qu'alors, en principe du moins, ce paiement doit être considéré comme une donation déguisée. Ceci, bien entendu, doit s'entendre du cas où l'objet payé pourrait faire l'objet d'une donation manuelle ; car s'il s'agissait d'un immeuble, comme on n'aurait pas observé les formalités exigées par la loi pour les donations, le droit de répétition devrait être admis, soit que le paiement ait été fait *sciemment* ou par erreur. L'acte en effet ne saurait valoir à aucun titre, ni comme paiement, ni comme donation.

Arrivons à la troisième hypothèse. *L'accipiens* est créancier d'un autre que celui qui le paie. Ce cas est plus délicat que les deux autres; car d'une part l'*accipiens* reçoit ce qui lui est dû, et de l'autre il peut se faire que celui qui a payé l'ait fait pour le véritable débiteur, car tout paiement peut très valablement être fait par un tiers. Pour qu'il y ait lieu à répétition, il faut donc que celui qui a payé ait payé pour son propre compte, croyant acquitter sa propre dette. Si au contraire il a payé sciemment, sachant bien qu'il n'était pas débiteur, le droit de répétition n'existe pas : on rentre alors dans l'hypothèse du quasi-contrat de gestion d'affaires. Le tiers qui a effectué le paiement a atteint son but, la libération du débiteur ; il n'a donc rien à réclamer au créancier, c'est par le débiteur qu'il doit se faire rembourser ce qu'il a payé, et il aura contre lui soit l'action de gestion d'affaires, soit l'action *de in rem verso*. Ici se présente la question de savoir si l'erreur de droit autorise la répétition comme l'erreur de fait. La négative l'emportait en droit romain et chez nos anciens auteurs, mais la même décision ne paraît pas devoir être admise dans notre droit. En effet, l'art. 1109 établit cette règle générale que le consentement n'est valable que s'il est exempt d'erreur, et cet article comme les suivants, ne distingue pas entre l'erreur de droit et l'erreur de fait. L'argument qu'on peut tirer de ces textes puise une nouvelle force dans le soin qu'a pris le Code d'y déroger en termes exprès dans deux articles : l'un, l'art. 1356, qui porte que l'aveu judiciaire ne peut être rétracté pour *erreur de droit ;* l'autre, l'article 2052, qui établit que les transactions ne peuvent être attaquées pour cause de lésion ni pour cause d'*erreur de droit*. D'ailleurs, l'erreur de droit, pas plus que l'erreur de fait, ne saurait être une cause légitime d'appauvrissement pour celui qui paie et d'enrichissement pour celui qui reçoit.

Enfin une chose ne saurait être réclamée comme indûment payée, s'il y avait dette naturelle. La répétition, en effet, nous

dit l'art. 1235, n'est pas admise à l'égard des obligations naturelles volontairement acquittées. Mais quelle est cette obligation
naturelle dont l'exécution volontaire est considérée par le Code
comme un paiement? L'obligation naturelle est celle que le
législateur, après lui avoir refusé l'efficacité ordinaire, parce
qu'elle se trouve sous le coup d'une présomption générale
d'inexistence ou d'invalidité, arrive à sanctionner, parce qu'une
exécution libre, une novation volontaire ou quelqu'autre acte
d'où résulte l'aveu de la valeur réelle de la dette, vient prouver
au législateur que sa présomption était en défaut dans ce cas
particulier. Sont des obligations naturelles : l'obligation du mi-
neur, celle de l'interdit, la dette du débiteur véritable qu'un
jugement a libéré, ou qui a invoqué la prescription. Dans tous
les cas pareils, la loi refuse la preuve comme trop difficile à
faire ou trop dangereuse ; ces obligations sont donc sans action.
Mais si le débiteur vient de son plein droit remplir son engagement, la loi voit dans cet acte du débiteur, qui reconnaît son
erreur ou se repent de sa mauvaise foi, la preuve de l'inappli-
cabilité de sa présomption, et elle s'oppose dès lors à toute
répétition ultérieure. Cette exécution volontaire de l'obligation
rend inutile toute autre preuve ; la dette ne diffère plus d'une
dette ordinaire, le paiement est valablement fait ; mais il faut,
chez le débiteur, la connaissance de la qualité de son obligation;
il faut qu'il ait payé volontairement, c'est-à-dire avec connaissance de cause, sachant bien que la dette était purement naturelle et ne pouvait pas être exigée. S'il en était autrement, si le
débiteur n'avait payé que par erreur et se croyait lié civilement,
son paiement, qui ne proviendrait que de la crainte des pour-
suites et des voies de contrainte légale, ne prouverait plus sa
conviction intime; il n'équivaudrait plus à un aveu, et la répétition devrait être admise. Il faut se garder de considérer comme
obligations naturelles, celles dont l'invalidité tient à une défense

de la loi, qui les réprouve et les condamne comme contraires à la morale et à l'ordre public. Les obligations de cette nature sont nulles et de nul effet ; la loi qui les prohibe n'en peut protéger l'exécution.

Il y a un cas où, malgré la présence des éléments producteurs du quasi-contrat de prestation de l'indu, on n'a pas le droit de répéter, c'est quand le créancier a supprimé de bonne foi son titre (art. 1377, 2ᵉ alinéa). On comprend que sa situation serait fàcheuse, s'il lui fallait rendre ce qu'il a reçu et se trouver par la suppression de son titre dans l'impuissance de prouver son droit contre le véritable débiteur. Il ne faut pas oublier que la répétition de l'indu a été introduite par une raison d'équité ; il faut donc la faire cesser dans tous les cas où il y aurait iniquité à l'admettre. Or, dans ce cas, nous dirons à celui qui a payé, qu'il a commis une imprudence, et qu'il doit en supporter les conséquences. Il ne pourra répéter, mais il aura, bien entendu, contre le débiteur véritable les actions du créancier qu'il a payé.

A qui est-ce maintenant de prouver que la chose n'était pas due, qu'il n'y avait pas eu cause de la retenir, et qu'il y avait ou non erreur ? L'art. 1335 dit : « Tout paiement suppose une dette ; » le demandeur en répétition prétend qu'il n'en existe pas, qu'il n'y avait pas de raison de payer ; il va à l'encontre de la présomption de la loi, c'est à lui de prouver ce qu'il a avancé. C'est aussi à lui d'établir si celui qui a reçu l'a fait sciemment, s'il était de mauvaise foi, car la mauvaise foi ne se présume pas.

Mais est-ce au demandeur à prouver son erreur ou au défendeur à prétendre qu'il savait ne rien devoir ? La question est controversée.

DES EFFETS DE LA PRESTATION DE L'INDU.

Celui qui a reçu une chose qui ne lui était pas due doit la

restituer, mais l'étendue de cette obligation varie suivant qu'il est de bonne ou de mauvaise foi.

En général, celui qui a reçu de bonne foi ne doit restituer que ce dont il est devenu plus riche, parce que celui qui a payé a au moins une imprudence à se reprocher; celui, au contraire, qui a reçu de mauvaise foi, doit restituer tout ce qui lui est provenu du paiement.

Ainsi, lorsque le paiement indu a été fait au véritable créancier, et que celui-ci, trompé par ce paiement, a détruit le titre de sa créance, il n'est obligé, nous l'avons vu, à rien restituer, car il ne retire aucun profit; celui qui a payé a seulement une action contre le débiteur, qui s'est trouvé ainsi libéré aux dépens d'autrui. Et la loi, par suppression de titres, entend parler non seulement de la destruction matérielle de l'acte qui établit la créance, mais encore de la prescription qu'il aurait laissé courir et de tout ce qui peut le mettre dans l'impossibilité d'exercer ses droits.

Le créancier qui a reçu de mauvaise foi son paiement d'une personne qu'il savait n'être pas sa débitrice, et qui croyait l'être, doit restituer ce qu'il a reçu, lors même qu'il aurait détruit le titre de sa créance; cette solution n'est pas textuellement écrite dans la loi; mais celui qui est tombé dans une erreur doit être plus favorablement traité que celui qui a commis un dol.

Si celui à qui le paiement a été fait l'a reçu de bonne foi, les articles 549 et 550 lui seront applicables; il ne devra donc restituer que la chose qu'il a reçue; car, aux termes de ces articles, le possesseur de bonne foi fait les fruits siens, et il est de bonne foi lorsqu'il possède en vertu d'un titre translatif de propriété dont il ignore les vices; or, le créancier qui a cru recevoir le paiement de ce qui lui était dû, a pu raisonnablement croire que ce paiement l'avait rendu propriétaire; mais si, au contraire, il avait reçu de mauvaise foi, il devrait, aux termes de l'article 1378, restituer la chose, avec les fruits et les intérêts à partir du jour du paiement; et si, ayant reçu de bonne foi, il avait plus tard découvert son erreur, il devrait restituer tous les fruits par lui perçus depuis cette découverte, car il cesserait, dès cet instant, d'être de bonne foi.

Si la chose indûment reçue est un immeuble ou un meuble corporel, l'article 1379 oblige celui qui l'a reçue à la restituer en nature ou en valeur, si elle a péri ou si elle s'est détériorée par sa faute; mais si celui qui l'a reçue était de bonne foi, on ne pourrait lui imputer sa faute et l'en rendre responsable, car il se croyait propriétaire: *et qui rem alienam quasi suam neglexerit nulla actione tenetur.* Si la chose a été aliénée à titre onéreux, il devra seulement le prix, 1380. L'on doit donc appliquer la première partie de l'article 1379, qui semble dire le contraire, au cas où celui qui a reçu de bonne foi a cessé de l'être. Pothier le pensait ainsi.

Si la chose a été vendue par celui qui l'a reçue de bonne foi, l'article 1380 ne l'oblige à restituer que le prix, comme nous venons de le voir; mais si, au contraire, le vendeur était de mauvaise foi, le demandeur pourrait réclamer un prix supérieur à celui de la vente.

Celui qui a indûment fait la prestation, doit rembourser intégralement au possesseur de bonne ou mauvaise foi les dépenses nécessaires, lors même qu'elles n'auraient pas augmenté la valeur de la chose. Quant aux dépenses utiles, c'est-à-dire faites pour l'amélioration de la chose, on appliquera la règle générale de l'article 555 : si donc le possesseur est de bonne foi, le propriétaire aura le choix de payer la dépense ou la plus-value.

Pour ce qui est des dépenses voluptuaires, c'est-à-dire de simple agrément, émanent-elles du possesseur de mauvaise foi, le propriétaire ne doit aucune indemnité, puisqu'il n'en a retiré aucun profit ; il doit seulement souffrir l'enlèvement de tout ce qui peut être détaché sans aucune détérioration.

Émanent-elles d'un possesseur de bonne foi, le propriétaire doit les rembourser, toutefois dans une limite que les tribunaux devront apprécier, car sans cela le possesseur serait injustement victime de l'erreur où l'aurait plongé la faute même du propriétaire?

POSITIONS.

I. L'acceptation d'une succession forme-t-elle aussi bien un quasi-contrat vis-à-vis des créanciers héréditaires qu'envers les légataires? — Oui.

II. Les incapables peuvent-ils, par suite d'un quasi-contrat, être obligés envers quelqu'un, et obliger quelqu'un envers eux? — Oui.

III. Y a-t-il mandat tacite quand le propriétaire connait la gestion et ne s'y oppose pas ? — Distinction.

IV. Le maître est-il tenu, quand le gérant a cru faire sa propre affaire? — Oui.

V. *Quid* quand la gestion a eu lieu malgré lui? — Action *de in rem verso*.

VI. Quand le gérant a contracté au nom du géré, et que sa gestion n'est pas utile, les tiers ont-ils au moins une action subsidiaire contre le gérant? — Oui.

VII. La gestion intéressant plusieurs personnes donne-t-elle contre elles une action solidaire? — Non.

VIII. Celui qui a payé une chose qu'il ne devait pas peut-il la répéter? — Distinction.

IX. Doit-on distinguer entre l'erreur de fait et l'erreur de droit? — Non.

X. Ce qui a été payé par erreur avant le terme peut-il être répété? — Oui.

XI. La perte de la chose indûment payée doit-elle être supportée par le possesseur de bonne foi, quand cette perte a eu lieu par son fait ou par sa négligence? — Non.

XII. L'immeuble indûment reçu, et aliéné ensuite, peut-il être revendiqué entre les mains des tiers par celui qui l'a payé? — Oui.

Vu par le Président de la thèse,
BONNIER.

Vu par le Doyen,
C.-A. PELLAT.

www.ingramcontent.com/pod-product-compliance
Lightning Source LLC
Chambersburg PA
CBHW070719210326
41520CB00016B/4400